A Carrie Rodd

ACUARIO

Una guía para la mejor vida astrológica

STELLA ANDROMEDA

ILUSTRACIONES DE EVI O. STUDIO

cincotintas

I.

Conoce a Acuario

II.

Acuario en profundidad

III.

Quiero saber más

Introducción

En el pronaos del templo de Apolo en Delfos había una inscripción con la frase «Conócete a ti mismo». Se trata de una de las ciento cuarenta y siete máximas, o normas de conducta, de Delfos y se le atribuyen al propio Apolo. Más adelante, el filósofo Sócrates amplió la idea y afirmó que «una vida sin examen no merece ser vivida».

Las personas buscamos el modo de conocernos a nosotras mismas y de encontrar sentido a la vida e intentamos entender los retos que plantea la existencia humana; con frecuencia, recurrimos a la psicoterapia o a sistemas de creencias, como las religiones organizadas, que nos ayudan a entender mejor la relación que mantenemos con nosotros mismos y con los demás y nos ofrecen herramientas concretas para conseguirlo.

Si hablamos de los sistemas que intentan dar sentido a la naturaleza y a la experiencia humanas, la astrología tiene mucho que ofrecernos mediante el uso simbólico de las constelaciones celestes, las representaciones de los signos zodiacales, los planetas y sus efectos energéticos. A muchas personas les resulta útil acceder a esta información y aprovechar su potencial a la hora de pensar en cómo gestionar su vida de un modo más eficaz.

¿Qué es la astrología?

En términos sencillos, la astrología es el estudio y la interpretación de la influencia que los planetas pueden ejercer sobre nosotros y sobre el mundo en el que vivimos mediante el análisis de sus posiciones en un punto temporal concreto. La práctica de la astrología se basa en una combinación de conocimientos fácticos acerca de las características de esas posiciones y la interpretación psicológica de las mismas.

La astrología es más una herramienta para la vida que nos permite acceder a sabiduría antigua y consolidada que un sistema de creencias. Todos podemos aprender a usarla, aunque no tanto como herramienta para adivinar o ver el futuro, sino como una guía que nos ofrece un conocimiento más profundo y una manera más reflexiva de entender la vida. La dimensión temporal es clave en astrología y conocer las configuraciones planetarias y las relaciones entre ellas en puntos temporales concretos puede ayudarnos a decidir cuál es el momento óptimo para tomar algunas de las decisiones importantes en nuestra vida.

Saber cuándo es probable que ocurra un cambio significativo en nuestras vidas como consecuencia de configuraciones planetarias específicas, como el retorno de Saturno (p. 103) o la retrogradación de Mercurio (p. 104), o entender qué significa que Venus esté en nuestra séptima casa (pp. 85 y 98), además de conocer las características específicas de nuestro signo zodiacal, son algunas de las herramientas que podemos usar en nuestro beneficio. El conocimiento es poder y la astrología puede ser un complemento muy potente a la hora de enfrentarnos a los altibajos de la vida y a las relaciones que forjamos por el camino.

Los 12 signos zodiacales

Cada uno de los signos del Zodíaco tiene unas características que lo identifican y que comparten todas las personas que han nacido bajo él. El signo zodiacal es tu signo solar, que probablemente conoces, ya que acostumbra a ser el punto desde el que empezamos a explorar nuestros senderos astrológicos. Aunque las características del signo solar pueden aparecer de un modo muy marcado en la personalidad, solo ofrecen una imagen parcial de la persona.

La manera como nos mostramos ante los demás acostumbra a estar matizada por otros factores que merece la pena tener en cuenta. El signo ascendente también es muy importante, al igual que la ubicación de nuestra Luna. También podemos estudiar nuestro signo opuesto, para ver qué características necesita reforzar el signo solar para quedar más equilibrado.

Una vez te hayas familiarizado con tu signo solar en la primera parte del libro, puedes pasar al apartado Quiero saber más (pp. 74-105) para empezar a explorar las particularidades de tu carta astral y sumergirte más profundamente en la miríada de influencias astrológicas que pueden estar influyéndote.

Los signos solares

La tierra necesita 365 días (y cuarto, para ser exactos) para completar la órbita alrededor del Sol y, durante el trayecto, nos da la impresión de que cada mes el Sol recorre uno de los signos del Zodíaco. Por lo tanto, tu signo solar refleja el signo que el Sol estaba atravesando cuando naciste. Conocer tu signo solar, así como el de tus familiares, amigos y parejas, no es más que el primero de los conocimientos acerca del carácter y de la personalidad a los que puedes acceder con la ayuda de la astrología.

En la cúspide

Si tu cumpleaños cae una fecha próxima al final de un signo solar y al comienzo de otra, vale la pena saber a qué hora naciste. Astrológicamente, no podemos estar «en la cúspide» de un signo, porque cada uno de ellos empieza a una hora específica de un día determinado, que, eso sí, puede variar ligeramente de un año a otro. Si no estás seguro y quieres saber con exactitud cuál es tu signo solar, necesitarás conocer la fecha, la hora y el lugar de tu nacimiento. Una vez los sepas, puedes consultar a un astrólogo o introducir la información en un programa de astrología en línea (p. 108), para que te confeccione la carta astral más precisa que sea posible.

Tauro

El toro

21 ABRIL - 20 MAYO

Tauro, con los pies en la tierra, sensual y aficionado a los placeres carnales, es un signo de tierra fijo al que su planeta regente, Venus, ha concedido la gracia y el amor por la belleza a pesar de que su símbolo sea un toro. Acostumbra a caracterizarse por una manera de entender la vida relajada y sin complicaciones, si bien terca a veces, y su signo opuesto es el acuático Escorpio.

Aries

El carnero

✦

21 MARZO - 20 ABRIL

Astrológicamente, es el primer signo del Zodíaco y aparece junto al equinoccio vernal (o de primavera). Es un signo de fuego cardinal simbolizado por el carnero y el signo de los comienzos. Está regido por el planeta Marte, lo que representa dinamismo para enfrentarse a los retos con energía y creatividad. Su signo opuesto es el aéreo Libra.

Géminis

Los gemelos

✴

20 MAYO – 20 JUNIO

Géminis es un signo de aire mutable simbolizado por los gemelos. Siempre intenta considerar las dos caras de un argumento y su ágil intelecto está influido por Mercurio, su planeta regente. Tiende a eludir el compromiso y es el epítome de una actitud juvenil. Su signo opuesto es el ardiente Sagitario.

Cáncer

El cangrejo

✴

21 JUNIO – 21 JULIO

Representado por el cangrejo y la tenacidad de sus pinzas, Cáncer es un signo de agua cardinal, emocional e intuitivo que protege su sensibilidad con una coraza. La maternal Luna es su regente y la concha también representa la seguridad del hogar, con el que está muy comprometido. Su signo opuesto es el terrestre Capricornio.

Virgo
La virgen

✴

22 AGOSTO - 21 SEPTIEMBRE

Virgo, representado tradicionalmente por una doncella o una virgen, es un signo de tierra mutable, orientado al detalle y con tendencia a la autonomía. Mercurio es su regente y lo dota de un intelecto agudo que puede llevarlo a la autocrítica. Acostumbra a cuidar mucho de su salud y su signo opuesto es el acuático Piscis.

Leo
El león

✴

22 JULIO - 21 AGOSTO

Leo, un signo de fuego fijo, está regido por el Sol y adora brillar. Es un idealista nato, positivo y generoso hasta el extremo. Representado por el león, Leo puede rugir orgulloso y mostrarse seguro de sí mismo y muy resuelto, con una gran fe y confianza en la humanidad. Su signo opuesto es el aéreo Acuario.

Escorpio

El escorpión

✳

22 OCTUBRE – 21 NOVIEMBRE

Como buen signo de agua fijo, Escorpio es dado a las emociones intensas y su símbolo es el escorpión, que lo vincula así al renacimiento que sigue a la muerte. Sus regentes son Plutón y Marte y se caracteriza por una espiritualidad intensa y emociones profundas. Necesita seguridad para materializar su fuerza y su signo opuesto es el terrestre Tauro.

Libra

La balanza

✳

22 SEPTIEMBRE – 21 OCTUBRE

Libra, un signo aéreo cardinal regido por Venus, es el signo de la belleza, del equilibrio (de ahí la balanza) y de la armonía en un mundo que idealiza y al que dota de romanticismo. Con su gran sentido de la estética, Libra puede ser artístico y artesanal, pero también le gusta ser justo y puede ser muy diplomático. Su signo opuesto es el ardiente Aries.

Sagitario
El arquero
✶
22 NOVIEMBRE – 21 DICIEMBRE

Representado por el arquero, Sagitario es un signo de fuego mutable que nos remite a los viajes y a la aventura, ya sea física o mental, y es muy directo. Regido por el benévolo Júpiter, Sagitario es optimista y rebosa de ideas. Le gusta la libertad y tiende a generalizar. Su signo opuesto es el aéreo Géminis.

Capricornio
La cabra
✶
22 DICIEMBRE – 20 ENERO

Capricornio, cuyo regente es Saturno, es un signo de tierra cardinal asociado al esfuerzo y representado por la cabra, de pisada firme pero a veces también juguetona. Es fiel y no rehúye el compromiso, aunque puede ser muy independiente. Tiene la disciplina necesaria para una vida laboral como autónomo y su signo opuesto es el acuático Cáncer.

Acuario
El aguador

✴

21 ENERO – 19 FEBRERO

A pesar de que estar simbolizado por un aguador, Acuario es un signo de aire fijo regido por el impredecible Urano, que arrasa con las ideas viejas y las sustituye por un pensamiento innovador. Tolerante, de mente abierta y humano, se caracteriza por la visión social y la conciencia moral. Su signo opuesto es el ardiente Leo.

Piscis
Los peces

✴

20 FEBRERO – 20 MARZO

Piscis tiene una gran capacidad para adaptarse a su entorno y es un signo de agua mutable representado por dos peces que nadan en direcciones opuestas. A veces confunde la fantasía con la realidad y, regido por Neptuno, su mundo es un lugar fluido, imaginativo y empático, en el que acostumbra a ser sensible a los estados de ánimo de los demás. Su signo opuesto es el terrestre Virgo.

Conoce a

I.

Acuario

El signo que el Sol estaba recorriendo en el momento en el que naciste es el punto de partida clave a la hora de usar el Zodíaco para explorar tu carácter y tu personalidad.

TU SIGNO SOLAR

Signo de agua fijo, simbolizado por el aguador.

Acuario, regido por Urano, se asocia a las interrupciones y a lo inesperado, a la innovación y a la invención.

SIGNO OPUESTO

Leo

LEMA PERSONAL

«Yo sé.»

Color

El azul, que es el color del aire y del cielo sobre
nosotros y del que cae el agua (que representa
la vida) en forma de lluvia. Lleva ropa de un azul
intenso sobre todo cuando necesites un empujoncito
psicológico o un extra de valor. Si no quieres parecer
ostentoso con colores tan fuertes, combina tonos
claros y oscuros en los accesorios (zapatos, guantes,
calcetines, sombrero o incluso ropa interior).

Día

El miércoles. Marca la mitad de la semana laboral para la mayoría de nosotros y remite a la antigua deidad romana Mercurio –dios del comercio, los viajeros y emisario de los dioses–, ya que *miércoles* deriva de la expresión latina *Mercuri dies*, es decir, «día de Mercurio».

Piedra preciosa

La amatista, del color púrpura que visten monarcas y sacerdotes. Sus cualidades purificadoras sustentan el pensamiento elevado y la conexión, dos de las características de Acuario, además de promover la curación, el amor y la fidelidad. También está conectado con la intuición y la clarividencia.

Ubicaciones

Sri Lanka, Finlandia, Etiopía y Rusia son algunos de los países que sintonizan con las cualidades de Acuario, mientras que las ciudades de Tallin, Buenos Aires, Brighton y Salzburgo encajan con la energía innovadora y la actitud progresista de Acuario.

V.

Vacaciones

Acuario es muy adaptable e independiente, por lo que le gusta alejarse de los caminos trillados y visitar lugares nuevos e interesantes. De corazón joven y dispuesto a viajar a largas distancias, Acuario disfruta de los espacios abiertos tanto como del ajetreo de las ciudades. Recorrer países como India con la mochila a cuestas le atraerá siempre, tenga la edad que tenga.

Flores

La exótica orquídea, que representa el lujo y el refinamiento, casa con la conexión espiritual que puede unir a las personas y que caracteriza a Acuario. Esta flor también se asocia a la fortaleza mental y a la virilidad masculina.

Árboles

Los que dependen del agua para poder dar su fruto, como el manzano, el peral, el cerezo, el naranjo o el mango, son los árboles de Acuario, cuyo pensamiento e innovación dan fruto también. Los árboles frutales también se prestan a la innovación y producen frutos híbridos como el tangelo (mandarina y pomelo) o el plumcot (ciruela y albaricoque).

Mascotas

Como era de esperar con un signo de aire, las aves en general son una mascota atractiva para Acuario. Y la sociabilidad del llamativo periquito enamorado, de color azul eléctrico, o el exotismo del parlanchín miná común los hace perfectos para el aguador.

Fiestas

Al sociable Acuario le encantan las fiestas y, sobre todo, las reuniones informales y espontáneas. Para él, un desconocido no es más que un amigo al que aún no conoce, y ¿qué mejor lugar para ello que una fiesta? Si hablamos de temática o de ubicaciones, hay que esperar lo inesperado. Los cócteles con Curaçao azul, como el Blue Lagoon o el Blue Hawaiian, pueden alimentar el espíritu festivo de Acuario.

Las características de Acuario

Independiente, reflexivo, innovador y tolerante... estos son algunos de los adjetivos clave asociados a Acuario, cuya capacidad para las ideas nuevas y para la aventura garantiza que jamás resulte aburrido. Quienes nacen bajo este signo solar acostumbran a ser humanitarios e igualitarios: les preocupa la humanidad en su conjunto y tienen grandes ideas para mejorar la vida de todos, aunque más en el sentido práctico que en el espiritual. Las libertades de pensamiento, expresión y movimiento son fundamentales para Acuario, que defenderá con pasión la libertad de expresión y de información y los derechos humanos. La libertad para ser uno mismo es la piedra angular de la filosofía de Acuario, que proyecta sobre todos y, sobre todo, con amor. Por eso, Acuario es, con toda probabilidad, el signo con el círculo de amistades más amplio y diverso y, tal y como sugiere el aguador, «fluye con la corriente».

Acuario es también el signo de la innovación y de las nuevas tecnologías, como internet y las comunicaciones globales, con todo lo bueno y todo lo malo que conllevan. Comunicativo y con una curiosidad feroz por las ideas y las conexiones, Acuario puede parecer algo frío y etéreo, aunque su cordialidad arrolladora lo hace muy popular. Gracias a Urano, Acuario dispone de una amplitud de miras que le permite tener una visión de conjunto con especial facilidad. No se suele preocupar por los pequeños detalles y resuelve los problemas de un modo interesante e impredecible. Acuario es el amigo de las grandes ideas, sí, pero lo de sudar para hacerlas realidad ya es harina de otro costal. Hablar es una cosa, pero ponerse manos a la obra es otra muy distinta para alguien cuya cabeza está (casi literalmente) en las nubes. Y es aquí donde las amistades y las relaciones de Acuario pasan a ser un elemento clave de los planes de Acuario, que los recluta para que lo ayuden con las minucias.

El ligero distanciamiento emocional que caracteriza a Acuario a veces puede parecer desinterés. Sin embargo, y aunque en ocasiones le cueste llegar a una verdadera intimidad, Acuario es un buen amigo, además de tolerante. Y, cuando al fin se acerca y se compromete, es extraordinariamente leal y ofrece su amor y su apoyo incondicionales, algo poco frecuente. Se compromete sin pedir nada a cambio, lo que a veces se malinterpreta como un deseo de libertad, así que Acuario debe dejar muy claro que «incondicional» no significa «sin compromiso». Le conviene aprovechar su capacidad de reflexión y su habilidad verbal para comunicar sus emociones más profundas, porque, cuando hablamos de Acuario, no siempre son evidentes.

AGITAR EL AIRE

Las características clave de cualquier signo solar se pueden ver equilibradas (y en ocasiones reforzadas) por las características de otros signos en la misma carta astral, sobre todo los que corresponden al ascendente y a la Luna. Eso explica que pueda haber personas que aparentemente no acaban de encajar en su signo solar. Sin embargo, los rasgos Acuario básicos siempre estarán ahí como una influencia clave e informando el modo de entender la vida de la persona.

La parte física de Acuario

Acuario acostumbra a ser fuerte y activo y a gozar de buena salud, siempre con una mirada curiosa y una manera interesante de interpretar el mundo que lo rodea. En ocasiones, la actividad puede ser más mental que física, porque, aunque es extrovertido, a Acuario le encanta sentarse a conversar y esta tendencia al sedentarismo puede transformarse en unos cuantos kilos de más. De todos modos, por lo general, Acuario tiene un aspecto juvenil y ligero, acorde con su actitud progresista respecto a la vida. Suele ser de movimientos bien coordinados y enérgicos, como si siempre estuviera a punto de emprender su próxima aventura.

Salud

Acuario se asocia al sistema circulatorio, a la sangre y al sistema linfático, además de a la parte inferior de las piernas, de la rodilla al tobillo. Como es tan mental, Acuario no siempre le presta demasiada atención al cuerpo, al menos hasta que algo empieza a ir mal. E, incluso entonces, a veces lo ignora. Acostumbra a gozar de buena salud general, pero enferma de manera rápida e inesperada. Tiende a recuperarse con la misma rapidez, debido a su dureza mental y en sintonía con la impredictibilidad de Urano.

Ejercicio físico

Mantener fuerte y activa la musculatura de las piernas ayudará a proteger las rodillas y los tobillos y favorecerá la circulación de las piernas (lo que contribuirá a prevenir las varices). A Acuario no le importa ir al gimnasio, porque como lo que más le interesa está en su cabeza, pueden seguir cavilando esté donde esté.

Cómo se comunica Acuario

Acuario necesita comunicarse como el aire que respira y siempre está dispuesto a compartir sus ideas y sus pensamientos. Tiende a pensar antes de hablar, acostumbra a ser capaz de expresar muy bien sus ideas y se toma el tiempo que sea necesario para comunicar con precisión y exactitud lo que quiere decir. Acuario puede ser muy objetivo en sus opiniones, que acostumbra a defender con pasión.

Aunque no es especialmente crítico con los demás, se muestra muy seguro de lo que piensa y puede llegar a parecer dogmático. Para Acuario, las discusiones son más un ejercicio intelectual y una expresión de su afición por el debate que un ataque personal, aunque a veces puede parecer bastante rígido. De todos modos, acostumbra a ser demasiado amable y considerado como para dejar que las cosas vayan a más y está dispuesto a aceptar la diferencia en aras del bien común, que, al fin y al cabo, es lo que verdaderamente le importa.

La carrera profesional de Acuario

Tal y como cabe esperar de alguien con conciencia social e interés en la humanidad, Acuario se siente atraído por trabajar al servicio de los demás. Gravita hacia profesiones como la enseñanza, la asistencia social, las obras sociales, los derechos humanos o la ingeniería medioambiental, y tiende a seguir su propio camino para adentrarse en áreas que le permitan promover cambios positivos para todos. Incorporará esta manera de hacer sea cual sea su profesión, incluso cuando esta no tiene una faceta humanitaria evidente.

El dinero no es su principal motivación, aunque su sólida ética laboral puede ayudarlo a ganarlo. La tecnología innovadora también puede atraer a Acuario. La persona que desarrolle una aplicación gratuita de aviso de tsunamis probablemente estará muy influida por aspectos de Acuario, aunque ese no sea su signo solar. En muchos aspectos, la expresión «rebelde con causa» describe muy bien a Acuario, porque cuando se trata de contribuir a la sociedad, lo hará a su manera y desde cualquiera que sea la profesión que haya elegido.

La compatibilidad de Acuario

Ya hablemos de amor o de amistad, ¿cómo se lleva Acuario con los otros signos? Conocer a otros signos y cómo interactúan entre ellos puede resultar útil a la hora de gestionar relaciones, porque entenderemos qué características de los signos solares armonizan o chocan entre sí. La estructura astrológica nos ayuda a tomar conciencia de ello, lo que puede resultar muy útil porque despersonaliza las posibles fricciones y suaviza lo que parece ser opuesto.

En ocasiones, armonizar las relaciones puede ser un problema para Acuario. Sin embargo, las compatibilidades concretas dependerán del resto de influencias planetarias en su carta astral, que matizarán o intensificarán distintos aspectos de las características del signo solar, sobre todo las que, en ocasiones, pueden chocar con otros signos.

La mujer Acuario

La mujer Acuario es independiente, amable y extrovertida y, aunque puede ser muy romántica, suele resistirse a quienes intentan «cazarla»; de ahí su reputación de frialdad. Es una mujer con intereses muy variados y con muchos amigos. Sin embargo, lo más probable es que desaparezca si alguien intenta coartar su libertad, ya sea de pensamiento, de ideas o de expresión.

MUJERES ACUARIO DESTACADAS

Virginia Woolf transformó la naturaleza de la literatura, de un modo muy similar a lo que hicieron más adelante las escritoras feministas Germaine Greer y Toni Morrison. Shakira, la estrella de la canción colombiana, contribuye a causas humanitarias y la filantropía de Oprah Winfrey es conocida por todos. Ellen DeGeneres y Jennifer Aniston son dos mujeres muy independientes y han alcanzado el éxito gracias a su propio esfuerzo.

El hombre Acuario

Para este hombre cerebral e ingenioso, la mente es tanto o más importante que el cuerpo, aunque las exigencias excesivas o demasiado emocionales lo dejan frío. Su actitud relajada, tranquila y amistosa ante la vida lo hacen muy popular, pero también es uno de los signos del Zodíaco que se casa más veces, porque, si se siente atrapado, se divorcia y pasa a otra cosa.

HOMBRES ACUARIO DESTACADOS

El presidente estadounidense Abraham Lincoln trabajó incansablemente para poner fin a la esclavitud, Mozart revolucionó la música y Charles Darwin desarrolló la teoría de la evolución. Los tres son la encarnación de los valores de Acuario. También simboliza a Acuario el espíritu libre del cantante Joaquín Sabina, la leyenda del baloncesto Michael Jordan y el actor Benicio del Toro.

Acuario y Aries

La independencia y la espontaneidad que caracterizan a estos dos signos hacen que sean muy compatibles en varios aspectos, por lo que tienen mucho que compartir y disfrutar. Sin embargo, la feroz dominancia de Aries puede acabar abrumando a Acuario, que necesita sentirse libre.

Acuario y Tauro

Tauro, terrenal y amante del hogar, puede sentirse algo inseguro ante la etérea independencia de Acuario, que cuestiona su lado posesivo y alimenta la ansiedad de ambos. Por otro lado, a veces puede no estar de acuerdo con los instintos humanitarios del aguador.

Acuario y Géminis

Estos dos signos de aire son muy compatibles tanto en lo que concierne al temperamento como a las ideas. Ambos anhelan vivir en armonía y son capaces de tolerar la necesidad de libertad del otro. La conversación es un elemento clave de la relación y pueden hablar de prácticamente todo.

Acuario
y Cáncer

La seguridad de Cáncer hunde sus raíces en la vida doméstica, mientras que Acuario apenas se fija en lo que le rodea, porque ya está pensando en la siguiente aventura. Esta diferencia supone el origen de muchas de las discusiones entre estos dos signos que, en consecuencia, no encajan con facilidad.

Acuario
y Leo

Vivaces y aventureros, ambos anhelan la libertad, aunque es posible que la busquen de modos distintos: Leo mediante el lujo y un público adorador y Acuario en un compañero al que considera su igual y que pueda acompañarlo en los malos momentos. Es ahí donde pueden chocar los elementos opuestos de sus naturalezas respectivas.

Acuario
y Virgo

Aunque ambos reconocen que están tan comprometidos con la mente como con el cuerpo, los objetivos de uno y otro pueden diferir. Acuario aspira a ideas brillantes e innovadoras, mientras que Virgo prefiere las más prácticas, algo que tiende a desestabilizar la compatibilidad intelectual entre los dos.

Acuario y Escorpio

La atracción entre estos dos signos es intensa, pero la naturaleza impredecible y el anhelo de libertad de Acuario pueden chocar con las intensas necesidades y la potente pasión de Escorpio, que pueden acabar abrumando a Acuario. Los dos tienen que aprender a tratarse con cuidado.

Acuario y Libra

Esta pareja sabe cómo disfrutar el uno del otro y cómo fomentar el apetito de ambos por la diversión. Aunque la testarudez de Acuario no es un problema para el diplomático Libra, es posible que no logren estabilizar la relación y llevarla más allá del flirteo.

Acuario y Sagitario

La armonía surge con facilidad entre estas dos almas extrovertidas e independientes. Ninguno de estos dos signos es especialmente celoso y ambos son suficientemente innovadores y excitantes para mantener al otro interesado en el dormitorio, que es donde acostumbran a reconectar si han estado separados durante un tiempo.

Acuario
y Acuario

Estarán tan cómodos el uno con el otro y con el interés que comparten por lo nuevo y lo inusual que no podrán ser más que felices juntos. El único inconveniente es que, quizás, no pasen juntos el tiempo suficiente para cimentar una relación duradera.

Acuario
y Piscis

Es probable que la naturaleza soñadora y espiritual de Piscis necesite un anclaje más sólido en el mundo real que el que puede ofrecerle Acuario, a pesar de la gran atracción que sienten el uno por el otro. Ambos tendrán que poner de su parte si quieren que la relación perdure.

Acuario y
Capricornio

La naturaleza precavida de Capricornio tiende a chocar con el etéreo desprecio de Acuario por las facetas más prácticas de la vida, lo que puede dar lugar a discusiones. Por otro lado, es posible que entre ellos no haya la atracción sexual suficiente para evitar que Acuario se aburra y quiera ir más allá de la primera base.

La escala del amor de Acuario

Menos compatible

Capricornio Cáncer Virgo Leo Tauro Piscis

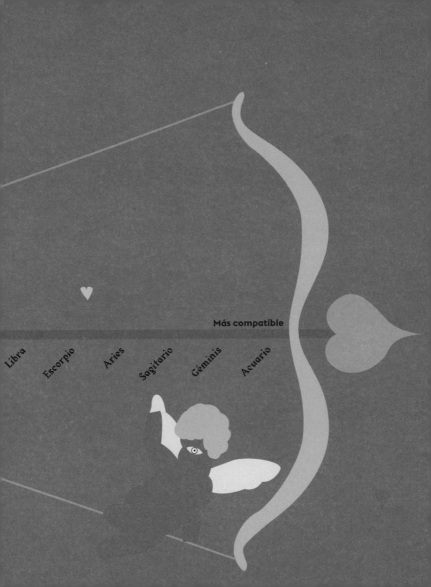

Más compatible

Libra Escorpio Aries Sagitario Géminis Acuario

Acuario

II.

en profundidad

En esta sección,
profundizaremos en cómo
puede estar impulsándote o
reteniéndote tu signo solar y
empezaremos a pensar en cómo
puedes usar ese conocimiento
para informar tu camino.

El hogar
de
Acuario

Es muy probable que el hogar de Acuario refleje su predilección por lo moderno y lo futurista. Con materiales contemporáneos, superficies brillantes y un estilo minimalista, un hogar en el que quizá destaque todo lo interesante y lo innovador. Será espacioso y luminoso y habrá pocos trastos. Acuario no se muestra demasiado sentimental con los recuerdos familiares y, como las antigüedades hablan de lo viejo, no de lo nuevo, no acostumbran a hacer acto de presencia en su hogar.

Como signo de aire simbolizado por el aguador, puede que el hogar de Acuario transmita sensación de fluidez, con azules en la decoración, cortinas y cojines o cuadros de cielos y marinas colgados de las paredes. Es posible que incluso haya algún elemento con agua de verdad o un acuario lleno de pececillos. Es poco probable que los amigos de Acuario describan su hogar como acogedor, porque tiende a elegir suelos de madera desnuda o pulidos y muebles de piel con estructura metálica, en lugar de alfombras mullidas y sofás cómodos. De todos modos, como es un signo muy sociable, siempre tiene espacio para visitas e invitados y las conversaciones se pueden prolongar hasta altas horas de la noche. En muchos aspectos, el hogar de Acuario tiene más que ver con las personas que lo ocupan, que es lo que Acuario disfruta de verdad, que con los objetos que lo llenan.

TRES CONSEJOS
PARA CUIDARSE

* Pedir ayuda cuando es necesario no es un signo de debilidad.

* La meditación en movimiento te puede ayudar a fortalecer las piernas al tiempo que relaja esa mente tan atareada.

* Recuerda que comer con regularidad te ayudará a equilibrar esa energía tan volátil.

Cuidados personales

Como es natural en un signo tan independiente, Acuario espera ser capaz de cuidarse solo sin que los demás intervengan ni lo ayuden demasiado. Es uno de los signos con menos propensión a la hipocondría y no se preocupa demasiado por su salud, hasta el punto de hacer caso omiso a las molestias y achaques menores. Aunque por lo general está bien así, también es cierto que, cuando algo no se resuelve por sí solo, puede tardar bastante en pedir ayuda y, en consecuencia, a veces la situación empeora más de lo necesario antes de poder mejorar. Acuario es de los que vuelve en muletas de unas vacaciones en la nieve y se niega a cumplir con las recomendaciones del médico una vez le quitan la escayola. Ha de ser más consciente de sí mismo si quiere evitar que los problemas empeoren.

Necesita la ayuda de los demás de vez en cuando y aceptar y apreciar esta faceta de la naturaleza humana lo ayudará a cuidar mejor de sí mismo. Aunque sabe que, como dijo el poeta Acuario John Donne, «ningún hombre es una isla entera por sí mismo. Cada hombre es una pieza del continente, una parte del todo», no siempre se lo aplica a sí mismo. Si acepta este ideal humanitario, a Acuario le resulta más fácil cuidar de sí mismo sin renunciar a su anhelada independencia.

TRES IMPRESCINDIBLES EN LA DESPENSA DE ACUARIO

* Una amplia variedad de hierbas aromáticas y especias.

* Alimentos básicos de emergencia, como garbanzos cocidos y tomates y atún en conserva.

* Extras de lujo, como la trufa negra, el versátil farro o corazones de alcachofa.

Acuario:
la comida
y la cocina

El menú de Acuario puede ser algo impredecible. Dado a la espontaneidad y a los esfuerzos de último momento, no podemos esperar que el aventurero Acuario dedique demasiado tiempo a pensar en algo tan mundano como la comida cuando está a punto de salvar al planeta, así que lo que pone en el plato puede ser más una cuestión de azar que de planificación cuidadosa. Improvisar una comida con lo que haya en la nevera en cada momento puede dar lugar a elaboraciones inesperadas y sorprendentes y, si le falta un ingrediente, lo sustituirá con lo que tenga (pasta en lugar de arroz, por ejemplo) y conseguirá resultados interesantes. Una comida preparada por Acuario acostumbra a ser una experiencia original.

TRES CONSEJOS SOBRE EL DINERO

* Evita las promesas de riqueza rápida, no son el punto fuerte de Acuario.

* Controla y archiva todo el papeleo relacionado con las finanzas. Es aburrido, pero esencial.

* Reserva un pequeño fondo para «escapadas» con que alimentar los sueños de aventura e independencia.

Cómo gestiona el dinero Acuario

A pesar de que Acuario es uno de los signos que menos preocupación por el dinero demuestra, puede alcanzar un éxito sorprendente porque entiende el dinero como un medio para un fin que le da acceso a todas las posibilidades que ofrece la independencia económica. Con frecuencia, la combinación de habilidades interpersonales y de innovación lo lleva a desarrollar ideas empresariales que crean riqueza, pero casi más como un efecto secundario que como objetivo principal. Por otro lado, tiene una manera interesante de hacer que el dinero trabaje para él y es más probable que invierta en un proyecto alocado sobre el que ha reflexionado en lugar de esconder el dinero en el colchón. A partir de datos extraídos de la lista Forbes, MSN colocó a Acuario en la segunda posición (por detrás de Leo) en su lista de las 100 personas más ricas del mundo. En el terreno más cotidiano, es poco probable que Acuario tenga problemas de dinero, porque para él es otro producto básico con el que no mantiene ninguna relación emocional, lo que libera su actitud y explica su éxito en cuestiones financieras. A Acuario le gusta contribuir a la sociedad y suele ser generoso con las obras sociales.

Acuario y su jefe

En ocasiones, rendir cuentas al jefe puede resultar algo complicado para el independiente Acuario y es posible que trabajar en equipo le exija más capacidad de reflexión y de adaptación de lo que le resulta natural. Sin embargo, como se compromete con la visión del conjunto, una vez se da cuenta de que contribuir al bien de la empresa es un objetivo que merece la pena, es muy posible que le resulte más fácil seguir las instrucciones del jefe.

Acuario se caracteriza por su manera impredecible y a veces innovadora de abordar los problemas y es posible que su jefe acuda a él precisamente por ese talento y le encargue proyectos que le permitan expresarlo y trabajar con más independencia, siempre que uno y otro estén de acuerdo en los detalles. La comunicación, uno de los puntos fuertes de Acuario, es una herramienta muy útil en este aspecto y especialmente valiosa cuando se utiliza para conseguir que el trabajo se haga.

Aunque Acuario es capaz de esforzarse y de hacer las horas extra que sean necesarias, necesita creer que el esfuerzo merece la pena y que, con él, contribuirá a avanzar en el futuro.

TRES CONSEJOS PARA TRATAR AL JEFE

* Acuérdate de comunicar, sobre todo si quieres hacer las cosas de un modo distinto.

* Si quieres conseguir más independencia en el lugar de trabajo, háblalo siempre antes con el jefe y negocia con él.

* Recuerda que las normas están al servicio del bien general de la empresa y que no tienen el objetivo de cohibir a Acuario.

TRES CONSEJOS PARA UNA VIDA MÁS FÁCIL

* Si quieres salvar el planeta reciclando, instaura un sistema fácil de usar para todos.

* Usa un calendario común para registrar las actividades sociales.

* Acuérdate que mantener el baño limpio es cosa de todos, incluido tú.

Vivir con Acuario

Es posible que fuera un Acuario quien concibió el lema «vive y deja vivir», porque estas palabras definen con precisión su actitud hacia la convivencia. Y es también la actitud que espera de sus compañeros de piso, tanto si son pareja como amigos, por lo que si ellos no piensan igual, quizás haya fricciones.

Acostumbra a pasar mucho tiempo fuera de casa, ya sea porque sus jornadas laborales son muy largas o porque viaja por placer a algún lugar lejano. En consecuencia, está acostumbrado a apañárselas solo y a relacionarse con personas de todo tipo. La parte positiva es que suele ser muy tolerante y mostrarse abierto a negociar, por lo que los problemas domésticos se resuelven con facilidad. Cuando está en casa, Acuario es muy sociable y se puede pasar horas sentado a la mesa hablando con su pareja de las mil y una maneras de arreglar el mundo o invitar a un grupo diverso de personas para hacer lo mismo.

Puede abordar las tareas domésticas tanto de un modo muy metódico como totalmente aleatorio: es demasiado impredecible para poder afirmar con seguridad una cosa o la otra. Aunque a veces necesita que le den un empujoncito, Acuario acaba haciendo las cosas porque le gusta estar rodeado de un mínimo de orden y de organización.

Acuario
y las
rupturas

Acuario no es muy aficionado al extremismo emocional (ni al suyo ni al de su ex pareja) que tiende a ocurrir durante las rupturas y, con frecuencia, permanecerá en una relación que ya sabe acabada (o esperará a que sea su pareja quien dé el paso) para evitar el mal trago emocional. Aunque su respuesta puede ser impredecible, tiene un corazón humanitario, lo que significa que no disfruta haciendo daño a los demás. Por otro lado, se resiste a invertir la gran cantidad de tiempo y de energía emocional necesarios para recuperarse, lo que explica por qué Acuario puede tardar tanto en comprometerse y prefiere cultivar una larga amistad en lugar de declarar su amor desde el principio. Acuario espera poder mantener la amistad una vez que las aguas hayan vuelto a su cauce, algo que no siempre resulta fácil para su ex pareja, independientemente de quién haya puesto fin a la relación.

TRES CONSEJOS PARA UNA RUPTURA MÁS FÁCIL

* No pases por alto las señales de aviso. Cuanto antes pongas sobre la mesa los posibles problemas, mejor.

* Acepta que no siempre es posible conseguir que todo vaya bien todo el tiempo para todos y pasa página.

* Habla con un amigo de confianza y concédete tiempo para recuperarte.

Cómo quiere Acuario que le quieran

La respuesta más sencilla a esta pregunta podría ser: a distancia. Las emociones de Acuario tienen un elemento de frialdad y reserva que puede transmitir voluntad de distanciamiento y que puede poner las cosas difíciles a quien quiera averiguar cómo acercarse a él. El exceso de atención puede hacer que muchos de los nacidos bajo el signo de Acuario sientan claustrofobia, una reacción que es fácil malinterpretar, por lo que todo el que ame a Acuario ha de conocer y respetar su naturaleza independiente. Sin embargo, tampoco sería acertado afirmar que aborrece el compromiso, porque, aunque su conducta parezca afirmar precisamente eso, interpretarla así sería un error. La comunicación, su punto más fuerte, puede resultar muy útil en este aspecto sobre todo si se aborda el tema de manera directa.

Concede una gran importancia a la amistad y sus amigos acostumbran a ser tan diversos, excéntricos y heterogéneos en cuanto a edad, estilos culturales y personalidad que desentrañar qué tienen en común o el tipo de persona que atrae a Acuario puede ser muy complicado. Uno de los problemas de la mente curiosa de Acuario y de su actitud amistosa y su interés por casi todo el mundo es que puede dar lugar a expectativas erróneas. Es posible que el objeto de la atención de Acuario piense que se trata de un interés romántico desde el principio, cuando, en realidad, Acuario necesita más tiempo para estar seguro.

Si su conducta puede desconcertar a quien intenta conquistarlo, es Acuario el que se queda desconcertado cuando la relación es problemática, porque, por supuesto, él cree que es absolutamente transparente. Quiere que la persona que lo ame sea tan independiente como él, pero que, al mismo tiempo, esté disponible. Es fantástico demostrar una actitud activa, pero hay que garantizar que esa actividad sea tanto mental como física. Y la conducta impredecible no es un problema siempre que sea predecible cuando las circunstancias lo exijan. Encuentra una causa común con Acuario, pero no lo abrumes.

Los intereses compartidos son un buen punto para empezar una relación, sobre todo cuando hablamos de Acuario. De hecho, las relaciones con Acuario acostumbran a forjarse a partir de un proyecto común que estimula la actividad mental. Eso permite que los Acuarios más tímidos (¡sí, los hay!) se estabilicen y aprendan a confiar en que su manera de amar incondicional y poco convencional no será rechazada. Puede sentirse inseguro y, entonces, necesita tiempo para poder comprometerse. Sin embargo, una vez hace una promesa, lo más probable es que la cumpla. Es generoso y tolerante y estará encantado de construir un futuro junto a alguien que estimule su mente además de su cuerpo.

TRES CONSEJOS PARA AMAR A ACUARIO

* Ofrecen amor incondicional y esperan ser amados del mismo modo.

* Sé honesto y directo acerca de tus emociones y respeta sus valores humanitarios.

* Sorpréndelo: adora lo inesperado.

La vida sexual de Acuario

¿Recuerdas los adjetivos con que he calificado repetidamente a Acuario? Sí, impredecible, aficionado a la experimentación, poco convencional... Pues también son aplicables en el dormitorio y no cabe duda de que, cuando hablamos de Acuario, el sexo puede ser intenso, emocionante, apasionado e, incluso, algo salvaje. Y, sin embargo, ahí reside la paradoja, porque Acuario también puede ser muy serio y reflexivo y, aunque una vez en la cama es poco probable que se muestre precavido, es posible que tarde bastante en llegar allí. El estilo sexual de Acuario no se caracteriza por el flirteo; de hecho, su vida sexual acostumbra a empezar en la cabeza, porque la mayor fuente de estimulación para Acuario puede ser el intelecto, y puede tardar algo de tiempo en llegar al aspecto físico.

No es dado a las aventuras de una noche, porque prefiere haber explorado antes la mente de su amante, que puede interpretar la demora como un exceso de precaución cuando, en realidad, suele deberse más a la tendencia de Acuario a centrarse en la persona a la que quiere conocer. A pesar de las apariencias iniciales, puede sorprender a su amante con un diálogo altamente erótico como parte de su repertorio y proponiendo juegos de rol, posturas nuevas y lugares poco habituales.

saber más

Tu signo solar nunca te ofrece la imagen completa. En este apartado, aprenderás a leer los matices de tu carta astral y accederás a otro nivel de conocimientos astrológicos.

Tu carta astral

Tu carta astral es una instantánea de un momento concreto, en un lugar concreto, en el preciso momento de tu nacimiento y, por lo tanto, es absolutamente individual. Es como un plano, un mapa o un certificado de existencia que plantea rasgos e influencias que son posibles, pero que no están escritos en piedra. Es una herramienta simbólica a la que puedes recurrir y que se basa en las posiciones de los planetas en el momento de tu nacimiento. Si no tienes acceso a un astrólogo, ahora cualquiera puede obtener su carta astral en línea en cuestión de minutos (en la p. 108 encontrarás una lista de sitios y de aplicaciones para ello). Incluso si desconoces la hora exacta de tu nacimiento, saber la fecha y el lugar de nacimiento basta para confeccionar las bases de una plantilla útil.

Recuerda que en astrología nada es intrínsecamente bueno ni malo y que no hay tiempos ni predicciones explícitas: se trata más de una cuestión de influencias y de cómo estas pueden afectarnos, ya sea positiva o negativamente. Y si disponemos de cierta información y de herramientas con las que abordar, ver o interpretar nuestras circunstancias y nuestro entorno, tenemos algo con lo que empezar.

Vale la pena que, cuando leas tu carta astral, entiendas todas las herramientas que la astrología pone a tu alcance; no solo los signos astrológicos y lo que cada uno de ellos representa, sino también los 10 planetas que menciona la astrología y sus características individuales, además de las 12 casas y lo que significan. Por separado, estas herramientas ofrecen un interés pasajero, pero cuando empieces a ver cómo encajan las unas con las otras y se yuxtaponen, la imagen global te resultará más accesible y empezarás a desentrañar información que te puede resultar muy útil.

Hablando en términos generales, cada uno de los planetas sugiere un tipo distinto de energía, los signos zodiacales proponen distintas maneras en que esa energía se puede manifestar y las casas representan áreas de experiencia en las que puede operar dicha manifestación.

Lo siguiente que debemos añadir son las posiciones de los signos en cuatro puntos clave: el ascendente y su opuesto, el descendente; y el medio cielo y su opuesto, el fondo del cielo, por no mencionar los distintos aspectos que generan las congregaciones de signos y planetas.

Ahora será posible ver lo sutil que puede llegar a ser la lectura de una carta astral, lo infinita que es su variedad y lo altamente específica que es para cada persona. Con esta información y una comprensión básica del significado simbólico y de las influencias de los signos, los planetas y las casas de tu perfil astrológico único, puedes empezar a usar estas herramientas para que te ayuden a tomar decisiones en distintos aspectos de la vida.

Cómo leer tu carta astral

Si ya tienes tu carta astral, ya sea manuscrita o por un programa en línea, verás un círculo dividido en 12 segmentos, con información agrupada en varios puntos que indican la posición de cada signo zodiacal, en qué segmento aparecen y hasta qué punto. Independientemente de las características relevantes para cada uno, todas las cartas siguen el mismo patrón a la hora de ser interpretadas.

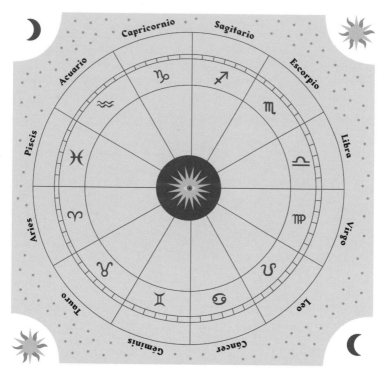

La carta astral se elabora a partir de la hora y el lugar de nacimiento y de la posición de los planetas en ese momento.

Si piensas en la carta astral como en una esfera de reloj, la primera casa (en las pp. 95-99 hablo de las casas astrológicas) empieza en el 9 y se sigue a partir de ahí en sentido antihorario, desde la primera casa hasta la duodécima, pasando por los 12 segmentos de la carta.

El punto inicial, el 9, es también el punto por el que el Sol sale en tu vida y te da el ascendente. Enfrente, en el 3 de la esfera del reloj, encontrarás el signo descendente. El medio cielo (MC) está en el 12 y su opuesto, el fondo del cielo (IC) está en el 6 (más información en las pp. 101-102).

Entender la importancia de las características de los signos zodiacales y de los planetas, de sus energías concretas, de sus ubicaciones y de sus relaciones entre ellos puede ayudarnos a entendernos mejor, tanto a nosotros mismos como a los demás. En nuestra vida cotidiana, la configuración cambiante de los planetas y de sus efectos también se entiende mucho mejor con un conocimiento básico de astrología y lo mismo sucede con las pautas recurrentes que unas veces refuerzan y otras entorpecen oportunidades y posibilidades. Si trabajamos con estas tendencias, en lugar de contra ellas, podemos hacer que nuestra vida sea más fácil y, en última instancia, más exitosa.

El efecto de la Luna

Si tu signo solar representa la conciencia, la fuerza vital y la voluntad individual, la Luna representa la faceta de tu personalidad que tiendes a mantener más oculta, o en secreto. Estamos en el territorio del instinto, de la creatividad y del inconsciente que, en ocasiones, nos llevan a lugares que nos cuesta entender. Esto es lo que otorga tanta sutileza y tantos matices a la personalidad, mucho más allá del signo solar. Es posible que tengas el Sol en Acuario y todo lo que eso significa, pero eso puede verse contrarrestado por una Luna muy empática y emocional en Cáncer; o quizás tengas el Sol en el efusivo Leo, pero también la Luna en Tauro, con el pragmatismo que eso supone.

Las fases de la Luna

La Luna orbita alrededor de la Tierra y tarda unos 28 días en dar una vuelta completa. Como vemos más o menos Luna en función de cuánta luz del Sol refleje, nos da la impresión de que crece y decrece. Cuando la Luna es nueva para nosotros, la vemos como un mero filamento. A medida que crece, refleja más luz y pasa de luna creciente a cuarto creciente y de ahí a luna gibosa creciente y a luna llena. Entonces, empieza a decrecer y pasa a gibosa menguante, luego a cuarto menguante, y vuelta a empezar. Todo esto sucede en el transcurso de cuatro semanas. Cuando tenemos dos Lunas llenas en un mes del calendario gregoriano, llamamos Luna azul a la segunda.

Cada mes, la Luna también recorre un signo astrológico, como sabemos por nuestras cartas astrales. Esto nos ofrece más información (una Luna en Escorpio puede ejercer un efecto muy distinto que una Luna en Capricornio) y, en función de nuestra carta astral, ejercerá una influencia distinta cada mes. Por ejemplo, si la Luna en tu carta astral está en Virgo, cuando la Luna astronómica entre en Virgo ejercerá una influencia adicional. Para más información, consulta las características de los signos (pp. 12-17).

El ciclo de la Luna tiene un efecto energético que podemos ver con claridad en las mareas oceánicas. Astrológicamente, como la Luna es un símbolo de fertilidad y, además, sintoniza con nuestra faceta psicológica más profunda, podemos usarla para centrarnos con mayor profundidad y creatividad en los aspectos de la vida que sean más importantes para nosotros.

Los eclipses

Hablando en términos generales, un eclipse ocurre cuando la luz de un cuerpo celeste queda tapada por otro. En términos astrológicos, esto dependerá de dónde estén el Sol y la Luna en relación con otros planetas en el momento del eclipse. Por lo tanto, si un eclipse solar está en la constelación de Géminis, ejercerá una influencia mayor sobre el Géminis zodiacal.

Que un área de nuestras vidas quede iluminada u oculta nos invita a que le prestemos atención. Los eclipses acostumbran a tener que ver con los principios y los finales y, por eso, nuestros antepasados los consideraban acontecimientos portentosos, señales importantes a las que había que hacer caso. Podemos saber con antelación cuándo ha de ocurrir un eclipse y están cartografiados astronómicamente; por lo tanto, podemos evaluar con antelación su significado astrológico y actuar en consecuencia.

Los 10 planetas

En términos astrológicos (no astronómicos, porque el Sol es en realidad una estrella), hablamos de 10 planetas y cada signo astrológico tiene un planeta regente. Mercurio, Venus y Marte rigen dos signos cada uno. Las características de cada planeta describen las influencias que pueden afectar a cada signo y toda esa información contribuye a la interpretación de la carta astral.

La Luna

Este signo es el principio opuesto del Sol, con el que forma una díada, y simboliza lo femenino, la contención y la receptividad, la conducta más instintiva y emotiva.

Rige el signo de Cáncer.

El Sol

El Sol representa lo masculino y simboliza la energía que da vida, lo que sugiere una energía paterna en la carta astral. También simboliza nuestra identidad, o ser esencial, y nuestro propósito vital.

Rige el signo de Leo.

Mercurio

Mercurio es el planeta de la comunicación y simboliza la necesidad de dar sentido, entender y comunicar nuestros pensamientos mediante palabras.

Rige los signos de Géminis y Virgo.

Venus

El planeta del amor tiene que ver con
la atracción, la conexión y el placer,
y en la carta de una mujer simboliza
su estilo de feminidad, mientras que
en la de un hombre representa a su
pareja ideal.

Rige los signos de Tauro y Libra.

Marte

Este planeta simboliza la energía
pura (por algo Marte era el dios de la
guerra), pero también nos dice en qué
áreas podemos ser más asertivos o
agresivos y asumir riesgos.

Rige los signos de Aries y Escorpio.

Saturno

En ocasiones, Saturno recibe el
nombre de maestro sabio. Simboliza
las lecciones aprendidas y las
limitaciones, y nos muestra el valor
de la determinación, la tenacidad y la
fortaleza emocional.

Rige el signo de Capricornio.

Júpiter

Júpiter es el planeta más grande de
nuestro sistema solar y simboliza la
abundancia y la benevolencia, todo
lo que es expansivo y jovial. Al igual
que el signo que rige, también
tiene que ver con alejarse de casa en
viajes y misiones de exploración.

Rige el signo de Sagitario.

Urano

Este planeta simboliza lo inesperado,
ideas nuevas e innovación, además de
la necesidad de romper con lo viejo y
recibir lo nuevo. Como inconveniente,
puede indicar una dificultad para
encajar y la sensación derivada de
aislamiento.

Rige el signo de Acuario.

Plutón

Alineado con Hades (*Pluto*, en latín), el dios del inframundo o de la muerte, este planeta ejerce una fuerza muy potente que subyace a la superficie y que, en su forma más negativa, puede representar una conducta obsesiva y compulsiva.

Rige el signo de Escorpio.

Neptuno

Asociado al mar, trata de lo que hay bajo la superficie, bajo el agua y a tanta profundidad que no podemos verlo con claridad. Sensible, intuitivo y artístico, también simboliza la capacidad de amar incondicionalmente, de perdonar y olvidar.

Rige el signo de Piscis.

Los cuatro elementos

Si agrupamos los doce signos astrológicos según los cuatro elementos de tierra, fuego, aire y agua, accedemos a más información que, esta vez, nos remonta a la medicina de la antigua Grecia, cuando se creía que el cuerpo estaba compuesto por cuatro fluidos o «humores» corporales. Estos cuatro humores (sangre, bilis amarilla, bilis negra y flema) se correspondían con los cuatro temperamentos (sanguíneo, colérico, melancólico y flemático), las cuatro estaciones del año (primavera, verano, otoño e invierno) y los cuatro elementos (aire, fuego, tierra y agua).

Si las relacionamos con la astrología, estas cualidades simbólicas iluminan más las características de los distintos signos. Carl Jung también las usó en su psicología y aún decimos de las personas que son terrenales, ardientes, aéreas o escurridizas en su actitud ante la vida, mientas que a veces decimos que alguien «está en su elemento». En astrología, decimos que los signos solares que comparten un mismo elemento son afines, es decir, que se entienden bien.

Al igual que sucede con todos los aspectos de la astrología, siempre hay una cara y una cruz, y conocer la «cara oscura» nos puede ayudar a conocernos mejor y a determinar qué podemos hacer para mejorarla o equilibrarla, sobre todo en nuestras relaciones con los demás.

Aire

GÉMINIS ✳ LIBRA ✳ ACUARIO

Estos signos destacan en
el terreno de las ideas. Son
perceptivos, visionarios y
capaces de ver la imagen
general y cuentan con una
cualidad muy reflexiva que los
ayuda a destensar situaciones.
Sin embargo, demasiado aire
puede disipar las intenciones,
por lo que Géminis puede
ser indeciso, Libra tiende
a sentarse a mirar desde la
barrera y Acuario puede
desentenderse de la situación.

Fuego

ARIES ✳ LEO ✳ SAGITARIO

Estos signos despiden calidez
y energía y se caracterizan
por una actitud positiva,
una espontaneidad y un
entusiasmo que pueden
ser muy inspiradores
y motivadores para los
demás. La otra cara de la
moneda es que Aries tiende
a precipitarse, Leo puede
necesitar ser el centro de
atención y Sagitario puede
tender a hablar mucho y
actuar poco.

Tierra

TAURO ✳ VIRGO ✳ CAPRICORNIO

Estos signos se caracterizan por disfrutar de los placeres sensuales, como la comida y otras satisfacciones físicas, y les gusta tener los pies en el suelo, por lo que prefieren basar sus ideas en hechos. El inconveniente es que Tauro puede parecer testarudo, Virgo puede ser un tiquismiquis y Capricornio puede tender a un conservadurismo empedernido.

Agua

CÁNCER ✳ ESCORPIO ✳ PISCIS

Los signos de agua son muy sensibles al entorno, como el vaivén de la marea, y pueden ser muy perceptivos e intuitivos, a veces hasta niveles asombrosos, gracias a su sensibilidad. La otra cara de la moneda es que tienden a sentirse abrumados y Cáncer puede tender tanto a la tenacidad como a protegerse a sí mismo, Piscis parecerse a un camaleón en su manera de prestar atención y Escorpio ser impredecible e intenso.

Signos mutables, fijos y cardinales

Además de clasificarlos según los cuatro elementos, también podemos agrupar los signos en función de las tres maneras en las que sus energías pueden actuar o reaccionar. Así, las características específicas de cada signo adquieren más profundidad.

Cardinales

ARIES ✳ CÁNCER ✳ LIBRA ✳ CAPRICORNIO

Son signos de acción, con una energía que toma la iniciativa y hace que las cosas comiencen. Aries tiene la visión; Cáncer, la emoción; Libra, los contactos, y Capricornio, la estrategia.

Fijos

TAURO ✷ LEO ✷ ESCORPIO ✷ ACUARIO

Más lentos, pero también más tenaces, estos signos trabajan para desarrollar y mantener las iniciativas que han lanzado los signos cardinales. Tauro ofrece consuelo físico; Leo, lealtad; Escorpio, apoyo emocional, y Acuario, buenos consejos. Podemos confiar en los signos fijos, aunque tienden a resistirse al cambio.

Mutables

GÉMINIS ✷ VIRGO ✷ SAGITARIO ✷ PISCIS

Son signos capaces de amoldarse a ideas, lugares y personas nuevos, tienen una capacidad única para adaptarse a su entorno. Géminis tiene una gran agilidad mental; Virgo es práctico y versátil; Sagitario visualiza las posibilidades, y Piscis es sensible al cambio.

Las 12 casas

La carta astral se divide en 12 casas, que representan otras tantas áreas y funciones en la vida. Cuando nos dicen que tenemos algo en una casa específica, como por ejemplo Libra (equilibrio) en la quinta casa (creatividad y sexo), podemos interpretar de un modo determinado las influencias que pueden surgir y que son específicas a la forma en que podemos abordar ese aspecto de nuestra vida.

Cada casa se asocia a un signo solar y, por lo tanto, cada una representa algunas de las características de ese signo, del que decimos que es su regente natural.

Se considera que tres de estas casas son místicas y tienen que ver con nuestro mundo interior, o psíquico: la cuarta (hogar), la octava (muerte y regeneración) y la duodécima (secretos).

1.ª casa

LA IDENTIDAD

REGIDA POR ARIES

Esta casa simboliza la personalidad: tú, quién eres y cómo te representas, qué te gusta y qué no, y tu manera de entender la vida. También representa cómo te ves y lo que quieres de la vida.

2.ª casa

LOS RECURSOS

REGIDA POR TAURO

La segunda casa simboliza tus recursos personales, lo que posees, incluido el dinero, y cómo te ganas la vida y adquieres tus ingresos. También tu seguridad material y las cosas físicas que llevas contigo a medida que avanzas por la vida.

3.ª casa

LA COMUNICACIÓN

REGIDA POR GÉMINIS

Esta casa habla de la comunicación y de la actitud mental y, sobre todo, de cómo te expresas. También de cómo encajas en tu familia y de cómo te desplazas a la escuela o al trabajo e incluye cómo piensas, hablas, escribes y aprendes.

4.ª casa

EL HOGAR

REGIDA POR CÁNCER

Esta casa habla de tus
raíces, de tu hogar u hogares
presentes, pasados y futuros,
por lo que comprende tanto
tu infancia como tu situación
doméstica actual. También de
lo que el hogar y la seguridad
representan para ti.

5.ª casa

LA CREATIVIDAD

REGIDA POR LEO

Descrita como la casa de la creatividad
y del juego, también comprende el
sexo y se asocia al instinto creativo y a
la libido en todas sus manifestaciones.
También incluye la especulación en
las finanzas y el amor, los juegos, la
diversión y el afecto: todo lo referente
al corazón.

6.ª casa

LA SALUD

REGIDA POR VIRGO

Esta casa tiene que ver con la salud,
la física y la mental, y lo sólidas que
son: tanto las nuestras como las de las
personas a las que queremos, cuidamos
o apoyamos, desde familiares hasta
compañeros de trabajo.

7.ª casa

LAS RELACIONES

REGIDA POR LIBRA

Esta casa, opuesta a la primera, refleja los objetivos compartidos y las relaciones íntimas, tu elección de pareja y lo exitosas que pueden ser las relaciones. También refleja las asociaciones y los adversarios en tu mundo profesional.

8.ª casa

LA REGENERACIÓN Y LA MUERTE

REGIDA POR ESCORPIO

Entiende «muerte» como regeneración o transformación espiritual: esta casa también representa los legados y lo que heredas después de la muerte, tanto en rasgos de personalidad como materialmente hablando. Y como la regeneración necesita sexo, esta casa también es la del sexo y las emociones sexuales.

9.ª casa

LOS VIAJES

REGIDA POR SAGITARIO

Esta es la casa de los viajes a larga distancia y de la exploración, así como de la apertura de mente que el viaje puede traer consigo y de cómo se expresa. También refleja la difusión de ideas, que puede traducirse en esfuerzos literarios o de publicación.

11.ª casa

LAS AMISTADES

REGIDA POR ACUARIO

La undécima casa representa los grupos de amistades y de conocidos, la visión y las ideas. No trata de la gratificación inmediata, sino de los sueños a largo plazo y de cómo estos se pueden hacer realidad si somos capaces de trabajar en armonía con los demás.

12.ª casa

LOS SECRETOS

REGIDA POR PISCIS

Se la considera la casa más espiritual y es también la del inconsciente, los secretos y lo que puede estar oculto; es el metafórico esqueleto en el armario. También refleja las maneras encubiertas en que podemos sabotearnos a nosotros mismos y bloquear nuestro propio esfuerzo negándonos a explorarlo.

10.ª casa

LAS ASPIRACIONES

REGIDA POR CAPRICORNIO

Representa nuestras aspiraciones y nuestro estatus social, cuán arriba (o no) deseamos estar socialmente, nuestra vocación y nuestra imagen pública y lo que nos gustaría conseguir en la vida mediante nuestro propio esfuerzo.

El ascendente

El ascendente es el signo del Zodíaco que aparece en el horizonte justo al alba del día en que nacemos y depende del lugar y de la hora de nacimiento. Por eso, cuando hablamos de astrología resulta útil conocer la hora de nacimiento, porque el ascendente ofrece mucha información acerca de los aspectos de tu personalidad que son más evidentes, de cómo te presentas y de cómo te perciben los demás. Por lo tanto, aunque tu signo solar sea Acuario, si tienes ascendente Cáncer es posible que se te perciba como a una persona con instinto maternal, con un compromiso significativo con la vida doméstica, en un sentido o en otro. Conocer tu ascendente (o el de otra persona) te puede ayudar a entender por qué da la impresión de que no hay una relación directa entre la personalidad y el signo solar.

Si sabes la hora y el lugar en que naciste, calcular el ascendente con una herramienta en línea o una aplicación es muy fácil (p. 108). Pregúntale a tu madre o a algún familiar o consulta tu partida de nacimiento. Si la carta astral fuera una esfera de reloj, el ascendente estaría en el 9.

El descendente

El descendente nos da una indicación de un posible compañero de vida, a partir de la idea de que los opuestos se atraen. Una vez conocido el ascendente, calcular el descendente es muy sencillo, porque siempre está a seis signos de distancia. Así, si tu ascendente es Virgo, tu descendente es Piscis. Si la carta astral fuera una esfera de reloj, el descendente estaría en el 3.

El medio cielo (MC)

La carta astral también indica la posición del medio cielo (del latín *medium coeli*), que refleja tu actitud hacia el trabajo, la carrera profesional y tu situación profesional. Si la carta astral fuera una esfera de reloj, el MC estaría en el 12.

El fondo de cielo (IC)

Para terminar, el fondo de cielo (o IC, por el latín *imum coeli*, que alude a la parte inferior del cielo), refleja tu actitud hacia el hogar y la familia y también tiene que ver con el final de tu vida. Tu IC está enfrente de tu MC. Por ejemplo, si tu MC es Acuario, tu IC será Leo. Si la carta astral fuera una esfera de reloj, el IC estaría en el 6.

El retorno de Saturno

Saturno es uno de los planetas más lentos y tarda unos 28 años en completar su órbita alrededor del Sol y regresar al lugar que ocupaba cuando naciste. Este regreso puede durar entre dos y tres años y es muy evidente en el periodo previo al trigésimo y el sexagésimo aniversarios, a los que acostumbramos a considerar cumpleaños importantes.

Como en ocasiones la energía de Saturno puede resultar muy exigente, no siempre son periodos fáciles en la vida. Saturno es un maestro sabio o un supervisor estricto y algunos consideran que el efecto de Saturno es «cruel para ser amable», al igual que los buenos maestros, y nos mantiene en el camino como un entrenador personal riguroso.

Cada uno experimenta el retorno de Saturno en función de sus circunstancias personales, pero es un buen momento para recapacitar, abandonar lo que ya no nos sirve y reconsiderar nuestras expectativas, al tiempo que asumimos con firmeza qué nos gustaría añadir a nuestra vida. Por lo tanto, si estás pasando, o a punto de pasar, por este evento vital, recíbelo con los brazos abiertos y aprovéchalo, porque lo que aprendas ahora (acerca de ti mismo, fundamentalmente) te será muy útil, por turbulento que pueda llegar a ser, y puede rendir dividendos en cómo gestionas tu vida durante los próximos 28 años.

La retrogradación de Mercurio

Incluso las personas a quienes la astrología no interesa demasiado se dan cuenta de cuándo Mercurio se encuentra retrógrado. Astrológicamente, la retrogradación es un periodo en el que los planetas están estacionarios pero, como nosotros seguimos avanzando, da la impresión de que retroceden. Antes y después de cada retrogradación hay un periodo de sombra en el que podríamos decir que Mercurio ralentiza o acelera su movimiento y que también puede ser turbulento. En términos generales, se aconseja no tomar ninguna decisión relativa a la comunicación durante una retrogradación y, si se acaba tomando, hay que tener en cuenta que es muy posible que no sea la definitiva.

Como Mercurio es el planeta de la comunicación, es fácil entender por qué preocupa su retrogradación y la relación de esta con los fracasos comunicativos (ya sean del tipo más tradicional, como cuando enviábamos una carta y se perdía, o la variedad más moderna, como cuando el ordenador se cuelga y nos causa problemas).

La retrogradación de Mercurio también puede afectar a los viajes, por ejemplo con retrasos en los vuelos o los trenes, atascos de tráfico o accidentes. Mercurio también influye en las comunicaciones personales –escuchar, hablar, ser escuchado (o no)– y puede provocar confusión y discusiones. También pude afectar a acuerdos más formales, como contratos de compraventa.

Estos periodos retrógrados ocurren tres o cuatro veces al año y duran unas tres semanas, con un periodo de sombra antes y después. En función de cuándo sucedan, coincidirán con un signo astrológico específico. Si, por ejemplo, ocurre entre el 25 de octubre y el 15 de noviembre, su efecto tendrá que ver con las características de Escorpio. Por otro lado, las personas cuyo signo solar sea Escorpio o que tengan a Escorpio en lugares importantes de su carta, experimentarán un efecto más intenso.

Es fácil encontrar las fechas de retrogradación de Mercurio en tablas astrológicas, o efemérides, y en línea: se pueden usar para evitar planificar en esas fechas eventos que se pudieran ver afectados. Para saber cómo la retrogradación de Mercurio te puede afectar más personalmente, necesitas conocer bien tu carta astral y entender las combinaciones más específicas de los signos y los planetas en la misma.

Si quieres superar con más tranquilidad una retrogradación de Mercurio, has de tener presente la probabilidad de que surjan problemas, así que, en lo posible, prevé que habrá algún retraso y comprueba los detalles un par de veces o tres. No pierdas la actitud positiva si algo que esperabas se pospone y entiende este periodo como una oportunidad para hacer una pausa, repasar y reconsiderar ideas tanto en tu vida personal como en la profesional. Aprovecha el tiempo para corregir errores o reajustar planes, para estar preparado cuando la energía se desbloquee y todo pueda fluir con más facilidad.

Agradecimientos

Quiero transmitir un agradecimiento especial a mi fiel equipo de Tauros. En primer lugar, a Kate Pollard, directora editorial, por su pasión por los libros maravillosos y por haber encargado esta colección. Y a Bex Fitzsimons, por su edición tan benévola como meticulosa. Y, finalmente, a Evi O. Studio, cuyo talento dibujando e ilustrando han producido estas pequeñas obras de arte. Con un equipo tan lleno de estrellas, estos libros no pueden más que brillar. Y os doy las gracias por eso.

Acerca de la autora

Stella Andromeda estudia astrología desde hace
más de treinta años y está convencida de la
utilidad de conocer las constelaciones celestes
y sus posibles interpretaciones psicológicas. La
traducción de sus estudios en libros ofrece una
visión moderna y accesible de la antigua sabiduría
de las estrellas, que transmite su firme convicción
de que la reflexión y el autoconocimiento
nos hacen más fuertes. Con su sol en Tauro,
ascendente Acuario y Luna en Cáncer, utiliza la
tierra, el aire y el agua para inspirar su
viaje astrológico personal.

La edición original de esta obra ha sido publicada en
el Reino Unido en 2019 por Hardie Grant Books, sello editorial
de Hardie Grant Publishing, con el título

Aquarius: A Guide To Living Your Best Astrological Life

Traducción del inglés
Montserrat Asensio

Primera edición: *febrero de 2020*

Impreso en China
Depósito legal: B 24035-2019
Código Thema: VXFA1

ISBN 978-84-16407-69-9